AF143790

Le jeu de cartes des quatre saisons

© 2022, Thomas Pacary
Édition : BoD – Books on Demand, info@bod.fr
Impression : BoD – Books on Demand,
In de Tarpen 42, Norderstedt (Allemagne)
Impression à la demande
ISBN : 9782322422845
Dépôt légal : Mai 2022

Délicieuses et fantastiques
les gouttes de pluies
tombent encore plus proche de moi.

Feuilles et feuilles mortes
tournent au gré du vent
dans une valse aux quatre saisons.

Chaque flocons sur ma fenêtre
fondent en multiples gouttes
qui ruissellent dans la gouttière.

L'enfer dans la cheminée
réchauffe l'air
de ma maison d'enfance.

L'arbre mort au milieu de la clairière
abrite un nid plein de vie
et de l'amour d'une famille d'oiseaux.

Le soleil qui se couche à l'horizon
dans une mer aux milles reflets
laisse apparaître l'écume des vagues.

Dans le cimetière de nos morts
la brume épaisse
remplace nos pensées.

L'hirondelle sur le chemin
nous salue de sa présence
apportant le beau temps.

Les marrons à la cheminée
réchauffent nos coeur
de l'hiver glacée.

Les lampadaires allumés
illuminent la route
dans la nuit profonde.

La cabane dans la forêt
a vieillit avec nous
ne restant que des bouts de bois.

Toutes les nuits
je m'endors paisiblement
à l'approche de mes rêves.

L'as de coeur brille en été
il rougit
pieds nus dans l'herbe.

Les pâquerettes dans les champs
s'ouvrent au printemps
par la rosée du matin.

L'étoile filante à minuit
parcours le ciel
dans une course sans fin.

La rose des amoureux
est pleine d'épines
qui piquent le coeur.

Le trèfle à quatre feuille
apporte la bonne fortune
même aux plus malchanceux.

Chacun en son sein
porte un hiver
qu'il ne peut réchauffer.

L'aube se teint de rouge
et le monde bouge
quand le soleil se réveille.

Le crépuscule s'éteint
funeste destin
d'une journée de travail.

Les courants d'air
par la porte ouverte
tourbillonnent dans la maison.

Le chandelier au plafond
illumine toute la pièce
d'une lumière incandescente.

Le pommier du jardin
fleurit tous les ans
quand la saison revient.

La pleine lune ce soir
fait par son cycle
changer les marées du monde.

Les fleurs fanées
se tordent de douleur
dans une terre sans eau.

Le bocal à bonbons
et vite finit
après le passage des enfants.

Regardez dans les carreaux
les paysages de l'automne
tristes et monotones.

Les moutons dans la prairie
suivent l'herbe la plus verte
et les cours d'eau.

Au sommet des montagnes
la neige blanche est seule
prise dans le déluge des nuages.

Le bateau au milieu de la mer
vogue au calme
dans l'œil du typhon.

La nuit prend place
doucement et sans bruit
pour me bercer dans ses bras.

L'ivresse de nos âmes
se perd dans la rue
et dans le lit de nos amours.

La chaleur des corps
brûle les désirs
et enflamme les passions.

Les rayons de la lune
tapent les paupières
des humains endormis.

Les poussières d'astres
véritables météorites
se dirigent droit dans nos yeux.

L'estampe du corbeau
ressemble de plus en plus
à un vieux pichet.

L'écho de la pierre
résonne sur l'eau
comme un ricochet.

La parole des muets
est un arc-en-ciel
aux sons infinis.

Les couleurs de la nuit
s'emplissent de lumière
par le feu d'artifice.

L'horizon se dévoile
sur la toile de l'artiste
qui peint avec ses doigts.

La forêt se consume
sous l'ardent brasier
du feu de joie des esprits.

En ce jour de pluie
le parc au coin de la rue
déborde de vide.

Les yeux de la maison
ouvrent aux plus curieux
une vie inconnue.

Le parfum de la ville
le parfum des gens
enivrent le beau moineau.

Le camion de glaces
avec sa musique
ne va plus s'arrêter.

L'herbe fraîche du matin
se prosterne
à mon passage.

Le croquis s'élance
vers un sombre dessin
fait des nuances de noir.

La montre n'a plus de pile
et sans en changer
le temps s'arrête.

La neige au printemps
disparaît
pour faire renaître les fourmis.

La chasse aux champignons
rend nostalgique
les champignons.

Le verre sur la table
tombe et se brise
dans l'amertume de son contenu.

Sans un bruit le vent glisse
sous ma porte
et éteint ma bougie.

Nos caprices d'été
hibernent avec nous
tout l'hiver.

La cimes des arbres
se rapproche un peu plus
du ciel étoilé.

L'oasis se cache
au milieu du désert
de nos sentiments mort.

Le mirage de la vie
s'envole plus vite
quand les feuilles tombent.

L'équinoxe arrive
dans la chaleur du vent
peu avant le lendemain.

La gourde se vide
une fois de plus
à chaque balade en forêt.

Le mistral s'abat
dans le petit village
sous la colline.

Chaque secret gardé
est une journée de plus
gagnée en été.

Les saints de glace
sont l'escorte
du nouveau printemps.

Les carpes remontent
les cascades
à l'embouchure du fleuve.

Le lapin a encore
oublié dans le jardin
tous ses œufs.

Le ciel se colore
dans le matin
d'aurore.

La folie s'exprime
dans les courtes nuits
de juillet.

La tâche d'encre
découvre sur la feuille
une Voie lactée.

La brise d'été
fait chavirer la navire
et pleurer mon coeur.

Le sons de mes pas
sur les graviers mouillés
chantent d'une voix aiguë.

L'éloge de la nature
me rappelle sans cesse
qu'une année est passée.

Le théâtre des merveilles
nous fait sa comédie
en quatre actes.

Le volcan éteint
se réveil
quand la mer se retire.

L'école de la vie
rime avec désastre
et folie.

Le nouvel an se fête
dans le vacarme des pétards
qui lui souhaitent la bienvenue.

La branche d'arbre se casse
laissant tomber à son pied
le pendu.

L'alphabet des mots
incomplet
vide d'expression.

Le livre qui s'ouvre
révèle une page moisie
d'une histoire sans queue ni tête.

Un crabe sur la plage
seul, tout seul
sans carapace.

L'enfant qui saute dans la gadoue
avec ses nouvelles bottes
que lui ont acheté ses parents.

L'histoire sans titre
nous offre une aventure
connue de tous.

Une utopie
justifie la noirceur
de notre monde.

La statue de marbre
bouge son corps
dans une danse immobile.

Le dos nu
de la femme sans cheveux
trouble les regards les moins avisés.

Le rouge à lèvres rose
commence à s'estomper
après un bon baiser.

La journée est passée
sans que je ne l'ai regardé
assis sur le banc de ma jeunesse.

Les lumières de la forêt
éclaire le chemin
du renard affamé.

Nos pas dans la neige
disparaissent
quand les arbres sortent de la douche.

L'imaginaire des rêves
se matérialise
devant les paupières endormis.

La peluche dans mon lit
se lamente seul
des centimètres que j'ai pris.

Je peine à voir derrière le rideau
le jardin de ma maison
inondé par l'eau.

La pochette cadeau
arrachée en lambeaux
pour lui soutirer son coeur.

Le funambule sur sa corde
trace la ligne
de sa vie.

Le joker ne permet pas
de tricher
dans le jeu de la vie.

Le preux chevalier
enlève son armure
pour embrasser une grenouille.

La flaque d'eau
reflète la pluie
qui s'enfuit des nuages.

Le bol de céréales
se remplit chaque matin
de la saveur de l'école.

Le dé est tombé sur le un
et voilà
tu as perdu la partie.

Sans l'ombre d'un doute
le soleil préfère les vacances
à la plage.

L'écume de la mer
mousse à chaque vague
dans nos verres.

La vapeur sur la vitre
cache discrètement
la sensualité de nos corps.

Le chat qui se promène
révèle la vérité
sur le passé des passants.

Sur le bord de la route
le mendiant attend
que l'argent tombe du ciel.

En hiver les arbres ont froids
dépourvus de leurs vêtements
et de leurs belles couleurs.

Les abeilles sont tranquilles
pour faire leur miel
Quand l'ours hiberne.

Le funiculaire qui monte
emmène vers un autre monde
dans les hauteur de la ville.

L'expert de la nature
se voit bien troublé
face à une licorne.

Le petit hérisson
sur la route étendu
n'a pas vu la voiture.

Le château sur la montagne
disparaît dans la paroi
sans ouvrir ses portes.

Le chant du coq
appelle ses troupes
chaque matin.

Le zèbre en retard
à la réunion des chevaux
encore en pyjama.

Une journée sans goûter
est pour un enfant
une journée ratée.

Le silence des morts
foudroie le coeur
des âmes en peines.

Regardez les cheveux
qui passent à l'orange
à l'automne.

Sous le rocher humide
se cache la muse
qui apporte la mer.

Le courant de l'eau
fait voyager au loin
les plus grands rêveurs.

Sans plus d'affinité
l'oiseau salue l'Homme
sans qu'il ne lui réponde.

La petite fille
qui grandit encore et encore
en découvrant la vie.

Le brouillard cache
à la vue de la campagne
les lumières de la ville.

Le jeu est coupé
la musique s'arrête
retour à la réalité.

Pas de porte de sortie
un seul piège
inévitable.

Tic-tac tic-tac
le réveil sonne
une nuit sans rêve.

Sans foi ni loi
le voleur s'acharne
à voler le coeur des gens.

Sans une part d'ombre
qui le contredit
le soleil n'est rien.

L'océan est si vaste
que l'Homme n'a jamais
parcouru toute sa surface.

L'idiot du village
est plus intelligent
que ceux qui l'insultent.

L'histoire se termine
sur le plus beau des chapitre
une page blanche.

L'amour d'un homme
n'a aucun égal
si la personne bouleverse sa vie.

Et si seulement
si seulement ce n'était le dernier
le dernier de mes rêves.

La destruction
engendre la création
et inversement.

La bulle de savon
éclate dans les airs
un après-midi d'été.

L'orphelin a dû sacrifier
bien plus qu'une famille
pour se voir grandir.

Le bateau dans la bouteille
se renverse
à chaque verre servi.

Le musicien de rue
n'espère pas la gloire
juste les applaudissements des passants.

Le caniveau se remplit vite
à chaque corde
qui le traverse.

N'attend rien du Père Noël
cette année lui aussi
attend un cadeau.

Le poète n'attend de sa plume
que des rimes
qui se posent sur le papier.

Ma tirelire est bien remplie
de l'argent gagné
en travaillant cet été.

Les deux allumettes qui brûlent
font ensemble
la danse la plus funeste.

Le regard dans le vide
les pensées ailleurs
le coeur a fugué.

L'orage éclate
la pluie s'abat
les larmes coulent.

Les quelques notes de musiques
qui nous viennent de loin
sont joué par notre âme-sœur.

Le monstre en nous
ne cherche plus à se cacher
laissant les pleurs déborder.

L'ange déjà partit
ne peut revenir
que dans nos souvenirs.

Les deux fleuves parallèle
rejoignent la même mer
à jamais unifiés.

Dans le règne animal
les vers de terre
sont les plus féroces prédateurs.

La chorégraphie des ombres
perceptible dans le noir
par les danseurs.

La robe de satin
glisse sur la peau
révélant les courbes du corps.

Le coquelicot qui rougit
toutes pétales sorties
donne sa couleur au soleil couchant.

Le bateau de la vie
chavire encore
à chaque vague

Le chagrin des fleurs
victime des saisons
fanent et fleurissent.

C'est la fin
le roi de coeur abdique
terrassé par l'as de trèfle à quatre feuilles.